AF498353

PRÉCIS

SUR LE PROVISOIRE,

POUR Madame la Présidente de SAINT-VINCENT,

CONTRE Monsieur le Maréchal DE RICHELIEU.

L'EUROPE entiere a les yeux attentifs fur l'étonnante, on diroit prefque, l'extravagante accufation fous le poids de laquelle gémiffent, & Madame de Saint-Vincent, & ceux qui ont touché ou feulement vu les Billets & les Lettres de M. le Maréchal de Richelieu.

Il n'eft pas tems encore de dévoiler aux yeux de la Nation toute l'infamie de cette cruelle & fcandaleufe Affaire. Mais Madame de Saint-Vincent voit depuis deux

A

(7)

mois la santé s'altérer dans les horreurs de la prison. Il est tems de rompre enfin des fers qu'elle ne peut plus porter, des fers dont ses mains n'auroient jamais dû être souillées, & qu'elle ne doit qu'à l'illusion qu'ont produite, dans le premier moment, le crédit & le faux brillant de son accusateur.

Qui pourroit dire quelles ont dû être ses premieres pensées, au moment où elle s'est vue traitée avec si peu de ménagement & tant de cruauté! Lorsqu'elle s'est vue chargée de la honte d'un décret humiliant de prise de corps, enfermée comme une criminelle entre quatre murs, dans un lieu où elle ne se figuroit pas que le dernier des citoyens pût être conduit, à moins qu'il n'y eût contre lui des preuves d'un crime capital! Sûre de son innocence, elle savoit que le témoignage de la vérité ne pouvoit être que pour elle. Mais combien ce qu'elle éprouvoit ne sembloit-il pas lui donner lieu de craindre, qu'après l'avoir accusée d'un crime, dont il sait parfaitement qu'elle n'est point coupable, son trop opulent Accusateur n'eût trouvé dans son coffre-fort les moyens de faire attester la calomnie par la voix venale du mensonge & de l'imposture.

Heureusement celui qui préside à tout n'a pas permis que ses craintes fussent fondées. Les interrogatoires sans nombre qu'elle a subis pendant plus de cinquante heures, les sommations, interpellations, déclarations cent fois répétées, qui lui ont été faites pour l'effrayer, & qui n'ont produit d'autre effet que celui de la fatiguer, lui ont appris à-peu-près tous les fecrets de la procédure, & elle a la fatisfaction de pouvoir affurer qu'on n'y trouvera rien, non-feulement qui la convainque, mais même qui ne tende à prouver & la calomnie de l'accufation, & la vérité des Billets & des Lettres.

Que ne fait pas néanmoins M. le Maréchal de Riche-lieu ? A quelle torture ne met-il pas fon imagination, pour trouver les moyens de prolonger au moins la déten-tion de fa victime, & la faire périr, s'il le peut, avant la fin du procès, dans les fers dont il l'a fi indignement & fi cruellement chargée ! A l'entendre, le faux eft avé-ré ; il le dit dans les cercles ; il le fait dire aux Gazet-tes ; il le dit dans tous les Mémoires fecrets qu'il ne ceffe de répandre & de diftribuer aux Magiftrats.

Madame de Saint-Vincent ne redoute point tout ce vain éclat. Il peut éblouir un inftant & étourdir fon au-teur. Elle viendra aifément à bout de diffiper l'illufion, quand il en fera tems. Il s'agit d'établir en ce moment qu'il ne peut y avoir de raifons de lui refufer la liberté provifoire qu'elle demande, & c'eft à quoi elle va s'atta-cher uniquement dans ce court Mémoire, deftiné à dé-truire les préjugés que fon Accufateur cherche à élever pour éternifer fa détention.

Madame de Saint-Vincent n'a point envie de rien di-minuer de l'horreur & de l'atrocité du crime qu'on lui impute. Fabriquer de faux Billets ; en fabriquer pour une fomme auffi confidérable que celle de 425000 livres ; les attribuer à un Maréchal de France ; contrefaire fon écri-

A ij

ture & sa signature, & les contrefaire affez bien, pour pouvoir fabriquer, à l'appui de ces Billets, une corref-pondance entiere de plus de quarante Lettres, & pour que ceux qui les connoiffent le mieux, fon Notaire, fes Gens d'affaires, y foient tous trompés; fans contredit le crime eft énorme : & plus il a été adroitement com-mis, plus la fociété entiere eft intéreffée à fa vengeance & à la punition de celui qui a le dangereux talent de le commettre.

Nous fommes donc d'accord fur ce point avec M. le Maréchal de Richelieu. Le titre de l'accufation eft gra-ve; & s'il fuffifoit d'imaginer un crime grave & d'en ac-cufer quelqu'un, pour avoir droit de le précipiter dans les fers & de l'y retenir, il eft conftant que Madame de Saint-Vincent ne feroit point en droit de fe plaindre de l'horrible traitement qu'elle éprouve. Elle auroit été juf-tement décretée, & elle efpéreroit en vain brifer fes fers que l'accufation ne fût jugée.

Il en feroit de même s'il y avoit un corps de délit conftant, s'il y avoit des preuves que les Lettres & les Billets font faux, & des raifons de croire que Madame de Saint-Vincent eft l'auteur ou la complice du faux. Quoique la conviction ne fût pas encore acquife contre elle, le feul foupçon, réfultant de la circonftance qu'elle étoit porteufe des Billets faux, fuffiroit pour qu'elle eût été juftement décretée, & pour qu'elle ne pût efpérer fa liberté, qu'elle n'eût établi fa juftification.

Mais fi d'accord avec l'humanité & la raifon, la loi ne veut pas qu'on imprime à un citoyen domicilié, & fur-tout à un citoyen d'un rang diftingué, la flétriffure d'un décret de prife de corps, qu'il n'y ait d'abord un délit conftant, & des preuves ou au moins des indices violens qu'il en eft l'auteur ; s'il n'y avoit lorfque Madame de Saint-Vincent a effuyé cet affront, ni corps de délit conftant, ni preuves que les lettres & les billets font faux, ni preuves, ni indices qu'elle foit l'auteur ou la complice du faux ; s'il n'y a encore aujourd'hui ni preuves ni indices pareils ; fi les informations qui ont été faites & toutes les piéces du Procès ne fourniffent que des preuves contraires ; fi le prétendu faux n'eft ni vrai-femblable ni même poffible, tolerera.t-on que Madame de Saint-Vincent périffe dans les fers, pour plaire à M. le Maréchal de Richelieu, & fur fa feule affertion que fes billets font faux ?

M. le Maréchal de Richelieu rend plainte *en faux contre les auteurs, fauteurs, complices & adhérans de la fabrication des billets au porteur prétendus fignés de lui.* Sans doute la regle & la raifon exigeoient qu'avant d'obtenir des décrets contre ceux qui étoient porteurs de ces billets, il établit d'abord le corps du délit, en prouvant qu'ils étoient faux. Il le devoit, ou bien il faut dire contre les principes de la faine raifon, que quiconque a foufcrit des billets, tout débiteur de mauvaife-foi pourra d'abord, en alléguant que fes billets font faux, précipiter fon créancier dans les fers , & par-là fe mettre à l'abri de fes pourfuites.

Au lieu de prendre ce parti, le feul qui fût jufte, M. le Maréchal de Richelieu en prend un autre. Il fait en-tendre des témoins , qui dépofent, que Madame de Saint-Vincent a des billets fignés de lui, & qu'elle en a négo-cié ou voulu négocier quelques-uns ; & comme fi c'étoit un crime que d'avoir des billets de lui, & de les négo-cier, ou que la preuve que Madame de Saint-Vincent en avoit & les faifoit négocier, en fût une qu'ils étoient faux, on la décrete auffi-tôt de prife de corps, ainfi que tous ceux qui ont été affez malheureux pour vouloir lui rendre fervice. Le frémiffement qu'excite une pareille vexation eft , on ofe le dire, dans l'ame de tout citoyen honnête & fenfible.

Encore fi les témoins qu'il avoit fait entendre, avoient dépofé de quelques faits qui puffent tendre à prouver que les billets étoient faux. Mais ils avoient prefque tous des preuves particulieres de la vérité. Les fignatures avoient été vérifiées en leur préfence chez Me Dumoulin, No-taire de M. le Maréchal. Ils fçavoient qu'elles avoient été reconnues par le fieur Sube, fon Contrôleur, par fon Avocat aux Confeils, par fon Avocat en la Cour & par le fieur Marion même, fon Intendant. Elles avoient été reconnues également par différentes perfonnes en place en état d'en juger ; ils le fçavoient & l'avoient dépofé. L'un d'eux, Eccléfiaftique refpectable, avoit même été préfent

au moment où le Laquais de M. le Maréchal , vétu de
fa livrée , étoit venu apporter à Madame de Saint-Vincent
le paquet dans lequel étoient les billets & la Lettre
d'envois. Il les avoit vus & lus à l'inftant même, & l'avoit
attefté dans fa dépofition.

Et c'eft fur toutes ces preuves de la vérité des Billets
que l'affertion de M. le Maréchal, fa feule affertion, que
les Billets étoient faux, a prévalu ! C'eft fur le vû de l'information, qui contient toutes ces preuves, que Madame
de Saint-Vincent, l'époufe d'un ancien Préfident à Mor-
tier, la fille d'une des plus anciennes maifons de l'Europe, a été décrétée de prife de corps, enlevée de fa maifon & livrée, avec tout ce qui l'environnoit , à l'horreur
& au défefpoir de la prifon !

Rendons juftice aux lumieres & à l'intégrité du Ma-
giftrat, à la religion duquel M. le Maréchal de Richelieu a furpris cet ordre injufte & barbare. Comme il étoit
perfuadé qu'il n'y avoit point lieu à un décret de prife
de corps, il a voulu que celui qu'il accordoit à l'impor-
tunité , ne pût être un préjugé contre l'innocence de
Madame de Saint-Vincent ; & pour qu'on ne l'ignorât
pas, il a eu l'attention d'y faire inférer qu'il ne l'accordoit qu'aux rifques, périls & fortune de M. le Maréchal
de Richelieu (1).

Il ne devoit donc point être accordé, cet injufte & cruel

____

(1) Un des Accufés à qui le Décret a été notifié , attefte que cette mention s'y
trouve en propres termes.

décret; il ne devoit point l'être, puifqu'il n'y avoit ni corps de délit conftant, ni preuves, ni indices du faux prétendu, & que tout, au contraire, fe réuniffoit pour prouver & la vérité des Billets, & l'injuftice de l'accufation. Madame de Saint-Vincent n'auroit point dû perdre fa liberté. Quelle difficulté pourroit-il donc y avoir de rompre, par provifion, des fers qui n'auroient jamais dû être forgés?

M. Le Maréchal de Richelieu oppofe pour principal moyen, dit-on, la vraifemblance. On ne fe perfuadera pas, croit-il, ni qu'il ait été affez généreux pour donner à Madame de Saint-Vincent pour 425000 livres de billets, ni qu'il eût voulu, s'il eût eu cette foibleffe, fe déshonorer à la fin de fa carriere en les niant.

Madame de Saint-Vincent a donc d'abord à rechercher de quel côté eft la vraifemblance. Il faut l'avouer, cette affaire offrira toujours quelque chofe d'incompréhenfible pour bien des gens. Pour qui ne connoîtra pas M. le Duc de Richelieu, ou ne le connoîtra qu'imparfaitement; pour qui ne verra en lui que le Maréchal de France & les dignités qui l'environnent, fa conduite paroîtra toujours inconcevable. Mais permettra-t-il à Madame de Saint-Vincent, qui a l'honneur de le connoître un peu plus particulierement que beaucoup d'autres, lui permettra-t-il de dire que tout devient poffible & très-vraifemblable de fa part, lorfque le dépouillant de fes dignités, on réfléchit fur la fingularité de fon caractere, fouvent noble, grand, généreux & bienfaifant, quelquefois minutieux & refferré, conteftant

avec

avec le malheureux à qui il doit, tandis qu'il verfe à pleines mains l'or fur la perfonne à qui il ne doit rien ; & lorfque rapprochant différens traits de fa vie, on le fuit à Gènes, à Minorque, à Hanovre, à Bordeaux, à Paris ?

Madame de Saint-Vincent ne cherche point à atténuer fes bienfaits : elle avoit fait une faute en les acceptant, parce qu'elle étoit au-deffus d'eux, & n'étoit pas faite pour les recevoir. Elle fent combien elle a dû par-là offen-fer fa famille, & combien elle mérite les reproches qu'elle en reçoit. Elle lui en eût eu une reconnoiffance éternelle néanmoins, s'il ne les avoit empoifonnés ; mais il fe perfuade en vain que fa générofité envers elle paroîtra bleffer la vraifemblance ; elle n'offrira rien d'étonnant lorfqu'on réfléchira & fur le tort qu'il lui avoit fait, & fur les dépenfes qu'il lui avoit occafionnées, & fur les circonftances particulieres qui en ont été les motifs.

Ils avoient été pendant très long-tems en commerce de Lettres fans s'être vus, & ayant l'un & l'autre le même defir, le même empreffement de fe voir. Madame de Saint-Vincent étoit à Milhaud en Rouergue, dans un Couvent. M. le Maréchal étoit, lui, tantôt à Bordeaux, tantôt à Paris ou à la Cour, mais toujours très-éloigné d'elle, & fans prétexte pour aller la voir où elle étoit. Pour fatis-faire fa curiofité ou fon empreffement, il l'engage à quit-ter le trop éloigné Milhaud. Il fe fert de fon crédit à la Cour, obtient un ordre du Roi pour l'en tirer, la fait d'abord venir à Tarbes, de Tarbes à Poitiers, & de Poitiers à Paris.

B

Des dépenſes très-conſidérables ſont l'effet inévitable de ces tranſlations. M. le Maréchal promet de ſubvenir à tout, donne des ordres pour qu'on prépare à Poitiers un appartement digne de ſa parente, & d'une perſonne à qui il vouloit faire le plus grand bien, en donne d'autres pour qu'on faſſe honneur à ſes dettes à Milhaud, lui envoye une reſcription pour fournir à ſes premiers beſoins, vole à elle, lui renouvelle, dans un tête-à-tête de quatre heures, enfermé avec elle dans l'intérieur de ſon Couvent, où la conſidération dûe à ſes dignités lui avoit fait accorder le rare privilége de pénétrer, & ſes proteſtations, & ſes promeſſes.

Madame de Saint-Vincent qui croit pouvoir y compter, ſe croit la plus heureuſe de toutes les femmes, & agit en conſéquence. Sa tranſlation à Poitiers & ſes liaiſons avec M. le Maréchal l'avoient brouillée avec ſes parens, & lui avoient fait perdre toute eſpérance de tirer d'eux aucun ſecours. M. le Maréchal devoit lui tenir lieu de tout : il lui écrivoit au moins deux fois par ſemaine ; il la revoit une ſeconde, une troiſiéme, une quatriéme fois, & toujours mêmes promeſſes, mêmes proteſtations, tant dans ſes lettres que dans ſes entretiens.

Il n'avoit que très-peu effectué juſqu'alors néanmoins. Il avoit prié le ſieur Deſangles de payer les dettes de Milhaud, mais ne lui en avoit point rembourſé le montant ; l'appartement de Poitiers avoit été fait à grands frais par ſes ordres, ſous la direction du ſieur Auvrai, Sécrétaire de l'Intendance de cette ville ; mais il ne l'avoit point payé. Madame de Saint-Vincent avoit été obligée de contracter de nouvelles dettes, & ses créanciers la pressoient.

Pour se soustraire à leurs cris, M. le Maréchal l'engage à venir à Paris, où il lui promet de faire pour elle des choses qui surpasseront ses espérances. A son arrivée il l'entretient des mêmes promesses ; & c'est alors que ne pouvant plus reculer, considérant les dépenses qu'il lui avoit occasionnées, le tort qu'il lui avoit fait en empêchant sa réconciliation avec sa famille, sa situation présente, sa situation à venir plus triste encore s'il venoit à lui manquer (1), il lui donne, non pas de l'argent, ce qui eût pû le gêner ; mais des Billets, qui le dispensent de rien débourser, & lui donnent, à elle, la facilité de trouver ce dont elle peut avoir besoin pour le moment actuel, en même tems qu'ils lui assurent une ressource pour l'avenir contre tous les événemens. Il ose s'écrier après tout cela que la générosité, qu'on lui suppose, est contre la vraisemblance. Il n'a point une assez bonne opinion de ses bonnes qualités, ou n'a point une idée juste de la réputation, dont il jouit. Sa générosité n'a rien qui doive surprendre. Elle est l'effet tout naturel de ce qui avoit précédé, de ce qu'il ne peut nier, parce que ce sont des faits connus de mille personnes en état de les attester. Il a été généreux, il a été juste ; pourquoi ne voudroit-il pas qu'on pût croire qu'il l'a été ?

---

(1) M. le Maréchal de Richelieu a 78 ans.

Le prétexte de l'invraifemblance s'écarte encore mieux, lorfqu'on réfléchit fur quelques autres circonftances. M. le Maréchal de Richelieu a 4 ou 500000 livres de rentes, & n'a pour héritier qu'un fils. Eft-il étonnant, malgré l'attachement & le zele qu'on lui connoît pour ce fils fi digne de fa tendreffe, qu'il fe foit aifément décidé à lui retrancher fur l'immenfité de fa fucceffion une foible fomme de 425000 livres, qui n'eft que fi peu de chofe relativement au total ?

M. le Maréchal donne d'abord un mandat de 300000 l. à Madame de Saint-Vincent. Mais quoique ce mandat foit écrit en entier & figné de fa main, & paroiffe être tiré fur l'un des plus célébres & des plus honnêtes Banquiers de l'Europe, il le fait de maniere qu'il ne l'oblige point, & qu'on ne peut en faire ufage (1).

Madame de Saint-Vincent lui fait l'obfervation que ce mandat ne vaut rien ; il lui en fait un autre dans une moins mauvaife forme, mais fous la promeffe expreffe qu'il exige d'elle, de ne point le laiffer fortir de fes mains, & de le garder jufqu'à ce que l'état de fa caiffe lui permette de lui donner des fonds.

L'échéance de ce fecond mandat arrive, & il ne fe trouve point encore en état de tenir fes promeffes. Madame de Saint-Vincent, dont la délicateffe n'ofe trop le preffer, lui propofe au lieu de mandats de lui faire des

***

(1) Il a été vu de différentes perfonnes, & portoit : » Je prie M. Peixotto » de payer à Madame de Saint-Vincent la fomme de 300000 livres, qui lui ap- » partient.

Billets au porteur de la même fomme , foit un feul de 300000 livres, foit cinq de 60000 livres chacun. Elle lui en envoie les modeles dans un paquet avec une lettre , qu'on remet à fon Suiffe , & le lendemain il renvoye le Billet de 300000 livres , & deux des cinq de 60000 liv. fignés , avec une lettre écrite en entier de fa main , par laquelle il les lui annonce , en lui recommandant feulement de ne point les vendre & de n'en parler à perfonne d'un an.

Le Billet de 300000 livres étoit trop confidérable , pour que Madame de Saint-Vincent efpérât d'en avoir aifément la valeur lorfqu'elle fe trouveroit obligée de s'en défaire après l'année révolue. Elle lui propofe de le couper en différens autres petits Billets à différentes échéances. Elle lui en préfente les modeles qu'elle avoit fait faire , & il les figne en même tems qu'on déchire celui de 300000 livres. Encore un coup , y a-t il en cela rien qui ne fe conçoive aifément ? rien qui ne foit très-naturel ? rien qui ne foit digne de M. le Maréchal de Richelieu? de fon zéle pour fa parente? de l'affection qu'il lui avoit témoignée & qu'il paroiffoit avoir pour elle?

Mais, au furplus , M. le Maréchal de Richelieu voudroit-il confentir qu'on fe décidât par les vraifemblances ? S'il ne veut pas qu'on puiffe croire qu'il a été affez généreux pour donner pour 425000 livres de Billets à Madame de Saint-Vincent , imagine-t-il qu'on croira plus aifément que Madame de Saint-Vincent , dont prefque toute la vie s'eft paffée dans un couvent , en qui il ne peut fe refufer de reconnoître un défintéreffement inconciliable avec l'idée du crime qu'il lui impute , ait été capable de concevoir le projet d'un faux de cette importance? Qu'elle ait pû l'exécuter, quand elle auroit eu l'ame affez affervie à l'intérêt pour le concevoir ? Qu'abandonnée de toute fa famille , n'ayant que lui pour protecteur & pour appui , elle ait ofé , quand elle en auroit été capable , & qu'elle en auroit eu la dangereufe adreffe , lutter contre fon crédit , & s'expofer à toutes les fuites d'une tentative auffi téméraire & auffi périlleufe ?

Imagine-t-il qu'on croira plus aifément, que fi Madame de Saint-Vincent avoit eu ce rare talent, & en avoit fait ufage , elle n'auroit pas pris fes précautions pour fe mettre à couvert des dangers ? Qu'elle auroit fouffert qu'on négociât les Billets avec tant d'éclat ? Qu'elle auroit engagé les acheteurs à les lui aller préfenter à lui-même avant la négociation ? Qu'ayant appris qu'il les nioit , elle n'auroit pas eu l'attention de fupprimer tous ceux qui n'auroient pas paru ? Qu'elle fe feroit empreffée de les dépofer tous , pour les foumettre à la rigueur & au danger de la vérification ?

Imagine-t-il que quand il feroit poffible de lui fuppofer & affez de témérité & de paffion pour l'argent, & affez de talent pour contrefaire fa fignature & l'imiter de maniere que tous ceux qui la connoiffent le mieux y fuffent trompés, on croira plus aifément qu'elle ait eu l'art jufqu'alors inconnu , de contrefaire également le corps entier de fon écriture, une correfpondance de plus de quarante Lettres, qu'elle a dépofées, & qu'elle eût en même-tems eu la mal-adreſſe de multiplier, ſans intérêt, les preuves du faux, en fabriquant & dépoſant d'elle-même tant de ces **Lettres**, dont le grand nombre ne parlent que de choſes indifférentes & étrangeres aux Billets ?

Imagine-t-il qu'on croira plus aiſément qu'elle ait été aſſez adroite pour faſciner les yeux à tous ceux qui l'environnoient ? qu'elle leur ait perſuadé qu'ils portoient à ſon Hôtel des Lettres pour lui & à ſon adreſſe, & qu'ils n'en portoient point ? qu'elle leur ait fait croire qu'ils la voyoient recevoir, ſoit des mains de ſes couriers, ſoit de celles de ſes laquais, les réponſes qu'il lui faiſoit, & où il lui parloit des Billets ou Mandats qu'il lui envoyoit, ou devoit lui envoyer, tandis qu'elle n'en recevoit point ? qu'elle ait réuni enfin tout l'art, toute la magie du plus habile enchanteur au talent du plus adroit fauſſaire, & fait ce qu'aucun n'a jamais tenté ? S'il y a quelque choſe d'invraiſemblable & d'impoſſible, c'eſt tout cela, ſans doute ; Madame de Saint-Vincent en appelle, non-ſeulement à tous ceux qui la connoiſſent, mais à tout eſprit raiſonnable. Ou il faut croire qu'il exiſte encore de ces eſprits familiers qui ne ſe trouvent plus que dans les contes de la Féérie, ou il faut abandonner une accuſation qui a pour fondement des faits auſſi extravagans & auſſi impoſſibles. Prétendre qu'il ſoit poſſible de contrefaire, non pas ſeulement une ou pluſieurs ſignatures, mais un corps entier d'écriture, une correſpondance ſuivie de plus de quarante Lettres, dont le caractere paroît en tout ſemblable au caractere de celle qu'on reconnoît : prétendre qu'une Femme de qualité, qui a paſſé preſque toute ſa vie dans un Couvent, qui ne s'eſt jamais occupée d'affaires d'intérêt, a eu ce dangereux, mais unique talent, & qu'elle en a fait uſage pour fabriquer une multitude de Lettres, dont la plupart ne parlent pas même de Billets ni de Mandats; M. le Maréchal nous permettra de le dire, c'eſt mettre contre ſoi toutes les vraiſemblances, faire une injure à ſa raiſon, déceler, tout en la préſentant, la fauſſeté de ſon imputation. Un fauſſaire fabrique une ſignature, mais il n'en fait pas tant; il fabrique une piéce qui vient à l'appui de la ſignature & la confirme; mais il ne s'aviſe point de tenter l'impoſſible, de fabriquer, de compoſer des Lettres entieres, des Lettres longues qui ne peuvent lui ſervir, & de les dépoſer pour donner plus de facilité de prouver le faux.

Ne craignons donc point pour Madame de Saint-Vincent, que la vraiſemblance paroiſſe contre elle & puiſſe être un obſtacle à la liberté qu'elle demande : elle eſt toute pour elle, & on ne ſera qu'étonné de voir qu'on oſe l'invoquer de la part de ſon Accuſateur.

Mais on entend M. le Maréchal de Richelieu & ſes Agens propoſer un troiſiéme moyen, s'agiter & crier que le faux eſt prouvé, qu'il l'eſt par les piéces qui ſont au Greffe du Châtelet, par celles qui ont été ſaiſies ſur quelques-uns des Accuſés, lorſqu'ils ont été arrêtés la premiere fois en vertu d'ordres du Roi, & par celles qui ont été trouvées chez les autres, lors de la levée des ſcellés, qui avoient été appoſés ſur leurs effets.

Trois

Trois fortes de réponfes également péremptoires frapperont ici & le Public & les Magiftrats , malgré ces vaines clameurs.

Madame de Saint-Vincent avoit demandé par une Requête précife que ces piéces , qu'on prétend fournir des preuves de conviction contre elle, & où elle foutient au contraire qu'on ne doit trouver que des preuves de la fauffeté de l'accufation & de la vérité des Billets , fuffent apportées au Greffe de la Cour, pour y être examinées. Le Miniftere public avoit même donné des conclufions conformes à fa demande. M. le Maréchal de Richelieu s'y eft oppofé fous les plus frivoles prétextes. Il ne doit donc point être admis à alléguer que ces piéces, dont il n'a pas voulu que la Cour pût prendre connoiffance, fourniffent des preuves du faux, & doivent empêcher la liberté provifoire.

A cette premiére réponfe s'en joint une autre également folide. C'eft fur le vû des preuves qui exiftoient lorfque les décrets ont été lâchés, qu'il faut juger la liberté provifoire. Si, comme le fait paroît certain, les informations qui avoient été faites, fi les piéces qui étoient alors connues, n'en fourniffent point, fi on n'y trouve au contraire que des preuves de la vérité des Billets & de la fauffeté de l'accufation, les décrets, quelques découvertes qu'ils ayent procurées, font une injuftice, une contravention à l'Ordonnance, un attentat à l'autorité de la Loi, qui exige que l'information précéde le décret, fur-tout le décret de prife de corps, fi ce n'eft dans le

C

cas du flagrant délit, & ne souffre par conséquent pas qu'on le décerne, sur-tout contre des domiciliés de rangs & d'états distingués, à moins qu'il n'y ait des preuves; & dès-lors la raison & la justice veulent qu'on rende aux Accusés la liberté, qui ne leur a été ravie, qu'en violant toutes les régles, qui devoient la mettre à l'abri de tous les attentats, sans que les preuves qui pourroient être survenues depuis, puissent être un prétexte de prolonger leur détention.

Mais Madame de Saint-Vincent a une troisiéme réponse beaucoup plus analogue à la délicatesse de sa façon de penser, & plus accablante encore pour son Accusateur. M. le Maréchal de Richelieu prétend qu'il y a, dans les nouvelles informations & dans les piéces déposées au Châtelet, des preuves de conviction. On vient de voir que quand le fait seroit vrai, il ne pourroit & ne devroit point être un obstacle à sa liberté. Mais allons plus loin. Examinons ces prétendues preuves de conviction, & apprécions-les. Madame de Saint-Vincent a tout vu, lors des derniers interrogatoires qu'elle a subis; & que lui a-t-on opposé? Une Lettre dans laquelle elle marque qu'elle est perdue, & annonce, dit-on, le dessein de fuir. — Une Lettre qu'elle a écrite à M. le Maréchal, & où elle ne dit point qu'elle ait de lui des Billets. — Deux Lettres qui paroissent écrites de la main de M. le Maréchal, & dont on prétend que l'une a été calquée sur l'autre, parce que, dit-on, elles contiennent presque mots pour mots les mêmes chofes, fi ce n'eft que dans l'une, qu'on prétend être la fauffe, il eft queftion de mandat, & que dans l'autre, qu'on reconnoît être vraie, il n'en eft pas parlé. — Des dépofitions qu'on dit contenir la preuve qu'au bas d'un mandat figné du nom de M. le Maréchal de Richelieu fur le fieur Peixotto fon Banquier, elle avoit fait mettre une fauffe acceptation.

Ainfi Madame de Saint-Vincent a écrit à un tiers qu'elle étoit perdue & vouloit fuir : elle a écrit à M. le Maréchal de Richelieu en réponfe à une Lettre qu'elle avoit reçue de lui, & par laquelle il lui faifoit des reproches de ce qu'il apprenoit qu'elle faifoit courir des billets fous fon nom, & elle ne lui a point parlé dans cette Lettre qu'elle eût des Billets de lui. Il s'eft trouvé fous les fcellés deux Lettres de M. le Maréchal de Richelieu, qui difent à-peu-près la même chofe, & prefque dans les mêmes termes. Enfin, on prétend que des témoins dépofent qu'elle a fait mettre au bas d'un Mandat de M. le Maréchal, l'accep-tation du fieur Peixotto par une main étrangere. Voilà fur quoi M. le Maréchal s'écrie que le faux eft avéré, & qu'il y en a des preuves. Voyons donc, en attendant que nous difcutions à fonds ces prétendues preuves, fi elles peuvent être un obftacle à la liberté provifoire, le feul objet qui nous occupe en cet inftant.

Madame de Saint-Vincent, dit-on d'abord, *a écrit qu'elle étoit perdue & vouloit fuir.* Elle attefte qu'il eft faux qu'elle fe foit fervie de ces expreffions, ni d'aucunes au-tres équivalentes : *Je veux fuir.* Elle vouloit aller à la maifon de campagne d'une amie, qui l'en avoit priée; mais fans aucune intention de fuir. Les expreffions dont elle s'eft fervie, ne fignifient rien autre chofe.

Et d'ailleurs, quand elle auroit réellement eu deffein de fuir, feroit-ce une raifon de la préfumer coupable ?

M. le Maréchal lui avoit fait défenfes, dans les termes les plus abfolus, de fe défaifir d'aucun des Billets qu'il lui avoit donnés, avant un an. Preffée par le befoin, elle en avoit d'abord négocié un malgré fa défenfe, mais dans l'efpérance qu'il n'en feroit point inftruit. Elle avoit fait en cela une faute, elle l'avoue, parce que quelque pref-fans que fuffent fes befoins, dès qu'elle avoit donné fa parole de ne point fe défaifir des Billets avant un an, elle devoit la tenir. Elle en avoit fait une plus grande encore en confentant que les dépofitaires de fa confiance en vendîffent d'autres. M. le Maréchal en avoit été inf-truit, malgré les précautions qu'elle avoit recommandées pour qu'il ne le fût pas. Elle favoit & l'étendue de fon crédit, & combien il eft rigoureux & implacable lorfqu'il croit qu'on lui a manqué : elle crut le voir exécuter la menace qu'il lui avoit faite, de la perdre pour toujours, fi elle ne lui tenoit parole. Effrayée, elle écrit à un tiers qu'elle eft perdue; que M. le Maréchal eft inftruit de tout; qu'il fait qu'elle a vendu fes Billets, & qu'elle s'en va. Quelle eft la femme qui, dans fa pofition, brouillée avec toute fa famille, n'ayant pour appui qu'un homme puiffant & implacable, dont elle voit qu'elle va devenir l'ennemie, n'en eût écrit autant, fans pour cela être coupable d'un crime ? Madame de Saint-Vincent craignoit les reftes du crédit expirant de M. le Maréchal. Ce qu'elle a éprouvé, ce qu'elle éprouve encore aujourd'hui, ne juftifie-t-il pas bien fes craintes ?

On ne peut tirer contre elle de plus fortes inductions de la lettre qu'elle lui a écrite à lui-même. Elle a expliqué les raifons qu'elle avoit eues de ne point y dire qu'elle avoit des Billets. M. le Maréchal ne les ignore pas : pourquoi la force-t-il à les rappeller ?

M. le Maréchal ne lui avoit pas feulement fait défenfes de vendre fes Billets, il lui avoit témoigné fur-tout la plus grande envie que perfonne de fa maifon n'en fût inftruit. Son Intendant avoit fu qu'on les vendoit, & l'en avoit averti. Il avoit auffi-tôt écrit à Madame de Saint-Vincent pour s'en plaindre, & c'eft à cette lettre qu'elle avoit à répondre. Il falloit perfuader à l'Intendant, par qui elle lui fut remife, qu'elle n'avoit point de Billets, & raffurer M. le Maréchal fur ce qu'on lui avoit marqué qu'elle en vendoit. Elle écrit, pour remplir ce double objet, une lettre vague, où, fans dire qu'elle a des Billets ou qu'elle n'en a point, elle marque qu'elle ne fait ce que veut dire le tripotage dont on lui parle, & elle l'envoye non cachetée au fieur Marion, pour qu'après l'avoir lûe, il la faffe paffer à M. le Maréchal : & c'eft de cette lettre, dont il eft fi aifé de fentir le motif, qu'on abufe aujourd'hui, & qu'on veut fe faire un moyen pour la retenir dans les fers ! Elle n'y dit point à M. le Maréchal qu'elle a des billets de lui ! étoit-il néceffaire de lui dire ce qu'il pouvoit fi peu ignorer ? Falloit-il l'apprendre à ceux à qui il avoit le plus à cœur de le cacher?

Mais voici fur-tout les deux grandes preuves du faux. Deux témoins dépofent avoir vu entre les mains de Madame de Saint-Vincent, un mandat figné de M. le Maréchal de Richelieu, fur le fieur Peixotto, au bas duquel étoit une acceptation fauffe de ce riche Banquier. Il fe trouve d'ailleurs dans les piéces dépofées deux lettres, qui paroiffent être de l'écriture de M. le Maréchal, & dont l'une n'eft prefque que la répétition de l'autre. Comment, après des preuves auffi triomphantes , ne pas convenir que les billets font faux ?

Comme il ne s'agit ici que du provifoire, Madame de Saint-Vincent ne peut entrer dans tous les détails que pourroit demander & qu'exigera fur le fonds la difcuffion de ces deux preuves. Elle les difcutera un jour , & elle ofe promettre qu'elle le fera de maniere à diffiper tous les doutes. Il s'agit de faire voir en ce moment qu'elles ne peuvent être un obftacle à fa liberté provifoire. Voici fur ce point quelques-unes des réflexions qu'elle prie fes Juges de vouloir bien ne pas omettre.

M. le Maréchal prétend qu'il y a des preuves qu'elle a fait mettre au bas d'un mandat figné de fon nom, une fauffe acceptation. Voilà le délit avec tout ce qu'il a de grave. Madame de Saint-Vincent explique le fait qui a donné lieu à cette imputation, & fera voir un jour, en confondant ceux qui ont ofé l'empoifonner, qu'il n'a rien de criminel de fa part. Mais fuppofons lui tout l'odieux que la haine & la méchanceté peuvent lui fuppofer. Madame de Saint-Vincent fera convaincue d'avoir mis ou fait mettre une fauffe acceptation au bas d'un mandat de M. le Maréchal. Elle fera convaincue d'avoir fuppofé que cette acceptation étoit celle du fieur Peixotto, & de fa main, tandis qu'elle étoit fon ouvrage. Elle aura commis un faux, & ce faux fera plus ou moins grave, fuivant que les vues qu'elle aura eues en le commettant, auront été plus ou moins criminelles. Mais les Billets de M. le Maréchal en feront-ils moins vrais? Ce prétendu faux l'intéreffera-t-il? Aura-t-il le droit de s'en plaindre? Quelqu'un même l'aura-t-il ce droit? Le fieur Peixotto feroit fans doute le feul qui pût l'avoir, puifque lui feul auroit pû en fouffrir. Et comment lorfque cet honnête Banquier ne fe plaint point, lorfqu'il attefte qu'on ne lui a jamais rien demandé, vient-on de la part de M. le Maréchal de Richelieu s'en faire un moyen pour retenir Madame de Saint-Vincent dans les fers? Quelque couleur qu'on veuille donner à ce prétendu faux, il eft évident qu'il ne peut influer en rien fur la vérité ou la fauffeté des Billets, & par conféquent il faut l'écarter avec d'autant plus de raifon qu'il n'eft plus queftion du mandat de 300000 livres, fur lequel on prétend qu'il avoit été fait, & qui n'exifte plus, depuis qu'il a été converti en d'autres Billets.

Il ne refte donc plus de reffource à M. le Maréchal que dans les deux Lettres, dont il prétend que l'une a été calquée fur l'autre. A cet égard, les réflexions de

Madame de Saint-Vincent font fimples & courtes.

C'eft elle qui a fait dépofer les deux Lettres. Elle les a dépofées librement , fans que rien l'y obligeât, pouvant les fupprimer l'une ou l'autre, ou toutes les deux, fi elle l'eût voulu. Croira-t-on que , fi elle ne les eût pas crues toutes les deux de M. le Maréchal, que fi l'une avoit été réellement calquée fur l'autre, elle eût été affez mal-avifée pour les dépofer toutes les deux, & ne pas fupprimer au moins celle qui lui étoit inutile, celle où il n'eft parlé ni d'argent ni de mandat ?

Mais, dit-on, ces deux Lettres ne difent que les mêmes chofes. Ce font les mêmes phrafes, les mêmes tours, les mêmes expreffions, le même arrangement. Tout y eft le même, fi ce n'eft que dans l'une il eft parlé d'un mandat, & que dans l'autre il n'en eft pas queftion. Comment l'une ne feroit-elle pas calquée fur l'autre ?

La réponfe eft aifée. Il n'eft point exact que les deux Lettres ne difent abfolument que les mêmes chofes. Si on y trouve quelques phrafes, apparemment familieres à M. le Maréchal de Richelieu, qui fe reffemblent, fi elles commencent toutes les deux par cette phrafe : *Je ne ferai jamais étonné d'une étourderie* (l'une des deux porte, *de ce que vous me dites)* *de votre part, ma très- chere Coufine. Mais vous êtes cependant faite pour être bien aimée ;* elles ont auffi des différences très-confidérables, que Madame de Saint - Vincent ne peut faire fentir ici par la comparaifon, parce qu'elle ne les a pas actuellement fous les yeux , & qu'elle ne s'en rappelle pas les

termes,

termes, mais dont quiconque les verra, fera certainement frappé; elles en ont d'après M. le Maréchal de Richelieu lui-même, puifqu'il convient que dans l'une il eft queftion d'un mandat qu'il promet, & que dans l'autre il n'en eft pas parlé ; ce qui fuffit pour éloigner toute idée, tout foupçon, qu'elles ayent été calquées l'une fur l'autre.

En effet, Madame de Saint-Vincent attefte qu'elle ignore fi l'art dont on veut qu'elle ait fi adroitement fait ufage, exifte & eft poffible; & certainement quiconque la connoîtra, n'aura pas de peine à l'en croire ; mais ou l'idée que préfente le terme de *calquer* eft fauffe, ou il doit être impoffible au plus habile *calqueur* d'imprimer par cet art fur la piéce qu'il veut *calquer,* rien de plus que ce qui eft dans celle fur laquelle il veut la *calquer.* L'art du *calqueur* doit être celui d'un copifte ; il doit imprimer fur la copie les traits qui fe trouvent fur l'original ; mais il doit lui être impoffible d'y imprimer rien de plus, ou il faut lui fuppofer encore le talent de fe paffer d'original, & en faire un compofiteur.

Ainfi dans le fyftême abfurde de M. le Maréchal, Madame de Saint-Vincent aura calqué, ou fait calquer, fur la Lettre où il eft queftion de mandat, tout ce qui fe lit dans celle où il n'en eft pas queftion ; mais ce qui ne fe trouve pas dans ce prétendu original, où l'aura-t-elle pris pour le mettre dans la copie? fur quoi l'aura-t-elle calqué ? Il faudra donc qu'elle ait eu, non-feulement le talent du plus habile *calqueur,* mais encore celui d'imiter fans mo-

dele l'écriture de **M.** le Maréchal , & de l'imiter ſi parfaitement, qu'il ne ſoit pas poſſible de diſtinguer ce qui a
été calqué d'avec ce qui ne l'a pas été, *riſum teneatis ?*
Ce ſeroit ſe faire tort que de combattre ſérieuſement
une accuſation de cette folie.

Les deux Lettres contiennent les mêmes choſes ! Eh
bien ! que faut-il en conclure ? Que **M.** le Maréchal a ,
comme bien des gens, *un ſtyle ,* qu'il a des expreſſions,
des phraſes qui lui ſont favorites ; que cette phraſe : *vous
êtes cependant faite pour être bien aimée ,* lui plaiſoit ; qu'il
penſoit ce qu'elle exprime, où qu'il y trouvoit de l'eſprit ;
qu'il n'a pas la mémoire toujours heureuſe, (choſe bien
croyable à ſon âge) ; qu'il ſe répete quelquefois, & qu'il
l'a fait. On tournera, on comparera tant qu'on voudra ſes
deux Lettres , elles ſont de lui ; elles ne préſenteront jamais rien autre choſe, & ne formeront certainement jamais un préjugé que les Billets avec leſquels elles n'ont
d'ailleurs rien de commun, ſont faux, ni par conſéquent
un prétexte de refuſer par proviſion de rompre les chaînes
de Madame de Saint-Vincent.

Et quel intérêt auroit lui-même **M.** le Maréchal de Richelieu à s'y oppoſer ? Il prétend que les Lettres & Billets
qui paroiſſent de lui, ne ſont pas de lui ; ſon intérêt eſt
qu'ils ſoient déclarés faux, comme il le ſoutient ; &
qu'importe pour cela , que Madame de Saint-Vincen
ſoit libre ou dans les fers ? Craint-il qu'elle ne fuye ? Il
affecte de le craindre, quoiqu'il ſoit bien ſûr intérieure-
ment qu'elle n'en a nulle envie. Mais au ſurplus, ſi elle

étoit affez ennemie d'elle-même, de fon honneur, & de celui de fa Maifon pour prendre ce parti, quel rifque coureroit-il à cela ? La fuite de l'Accufée feroit préfumer le crime. Le faux feroit cenfé avoué : la victoire feroit à lui : il fe trouveroit difpenfé de payer les Billets, & lavé de la tache qu'il court rifque d'imprimer à fa mémoire, fi fon accufation eft jugée calomnieufe.

Il n'auroit donc point d'intérêt de s'oppofer à la liberté de Madame de Saint-Vincent, quand même il feroit fûr que les Billets feront déclarés faux ; & combien n'en a-t-il pas qu'elle l'obtienne promptement, fi, comme il y a lieu de le croire, fon accufation eft jugée calomnieufe ? On ne parle pas des dommages - intérêts qu'il lui devra. Quelle fomme pourroit jamais l'indemnifer de la perte de fa fanté, & la confoler de tout ce qu'elle éprouve ?

Mais quelle nouvelle tache , quelle nouvelle infamie n'ajoutera pas à fa mémoire ? De quelle nouvelle horreur ne le couvrira pas chaque inftant que Madame de Saint-Vincent aura paffé dans l'affreux féjour où il l'a précipitée ? Quels nouveaux reproches n'aura-t-il pas à fe faire de l'y avoir retenue ? Ce fera donc en même-tems & lui rendre fervice à lui - même , & rendre à Madame de Saint-Vincent, une juftice qui ne peut lui être réfufée que de brifer promptement & par provifion fes fers avant qu'elle n'ait fuccombé fous leur poids , & que le tort qu'ils ont déja fait à fa fanté ne foit tout-à-fait irréparable. Elle ne l'a point demandé au premier Juge ; il avoit eu tant de déférence pour M. le Maréchal ! il l'a décrété fi légérement ! devoit-elle espérer qu'il ne l'empêcheroit pas encore de reconnoître ses torts & de les réparer? Devoit-elle sur-tout approuver une procédure aussi vexatoire & aussi inouie que celle dont elle est la victime? Magistrats suprêmes, votre plus beau droit est de protéger l'innocence, de réformer les erreurs ou les injustices de ceux qui vous sont subordonnés: c'est à vous que Madame de Saint-Vincent tend les bras du fonds de sa prison, & c'est de vous qu'elle attend, ainsi que toute sa famille (1), la liberté & la vie.

Monsieur DOÉ DE COMBAULT, Rapporteur.

Me JOLLY, Avocat.

Madame de Saint-Vincent apprend que M. le Maréchal de Richelieu, attentif à tirer avantage de tout, publie & annonce par-tout qu'elle est abandonnée de toute sa famille. Une Lettre de M. le Marquis de Vence son Pere, à M. le Vicomte de Castellanne va le détromper. La voici.

J'AI recours à vous, mon cher Cousin, dans une occasion qui me tient infiniment à cœur; je viens d'apprendre avec le plus grand étonnement, qu'on veut faire usage contre ma fille d'une Lettre que j'ai écrite à M. le Maréchal de Richelieu. Cette Lettre étoit en réponse à des choses très-honnêtes qu'il me disoit pour moi personnellement, & je n'ai pas pû faire autrement que de lui répondre des choses vagues sur cette malheureuse affaire dont il me parloit.

Je sçai que ma fille est incapable des horreurs qu'on lui impute. La franchife, & j'ofe même le dire, l'honnêteté de fon caractere en matiere d'intérêt, excluent abfolument l'imputation qu'on lui fait d'une fauffeté fans exemple ; c'eft un témoignage que je ne cefferai jamais de lui rendre ! je prendrai toujours à elle l'intérêt le plus vif. Je vous recommande, mon cher Coufin, ma malheureufe fille, qui eft indignement vexée & fur qui on veut imprimer une flétriffure qu'elle ne mérite pas & qui rejailliroit fur moi & fur tous les miens. Si mon âge & mes infirmités me le permettroient, il n'y a aucune démarche que je ne fiffe pour lui procurer la juftice qui lui eft due dans cette occafion. Je remets fes intérêts & les miens dans vos mains ; jamais affaire ne m'a autant intéreffé que celle-là : je ne vous en dis pas d'avantage , & finis en vous affurant, mon cher Coufin, de la tendre & fidéle amitié que j'aurai toute ma vie pour vous.

Signé, **V I N C I.**

Aix , Vendredi 23 *Septembre* 1774.

De l'Impr. de Cl. Simon , Imprimeur de LL. AA. SS. Meffeigneurs le Prince de Condé & le Duc de Bourbon , & de Monfeigneur l'Archevêque. 1774.